I0439506